Utilize este código QR para se cadastrar de forma mais rápida:

Ou, se preferir, entre em:
www.moderna.com.br/ac/portal
e siga as instruções para ter acesso aos conteúdos exclusivos do Portal.

CÓDIGO DE ACESSO:
A 00071 BURMIRI1E M 60403

Faça apenas um cadastro. Ele será válido para:

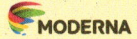

MODERNA **Richmond** **SANTILLANA ESPAÑOL**

24103811   Aluno 14925

CB052205

Da semente ao livro,
sustentabilidade por todo o caminho

Plantar florestas
A madeira que serve de matéria-prima para nosso papel vem de plantio renovável, ou seja, não é fruto de desmatamento. Essa prática gera milhares de empregos para agricultores e ajuda a recuperar áreas ambientais degradadas.

Fabricar papel e imprimir livros
Toda a cadeia produtiva do papel, desde a produção de celulose até a encadernação do livro, é certificada, cumprindo padrões internacionais de processamento sustentável e boas práticas ambientais.

Criar conteúdos
Os profissionais envolvidos na elaboração de nossas soluções educacionais buscam uma educação para a vida pautada por curadoria editorial, diversidade de olhares e responsabilidade socioambiental.

Construir projetos de vida
Oferecer uma solução educacional Moderna é um ato de comprometimento com o futuro das novas gerações, possibilitando uma relação de parceria entre escolas e famílias na missão de educar!

MODERNA

Apoio: TWO SIDES
www.twosides.org.br

Fotografe o Código QR e conheça melhor esse caminho.
Saiba mais em moderna.com.br/sustentavel

BURITI MIRIM
Educação Infantil — Maternal

Organizadora: Editora Moderna
Obra coletiva concebida, desenvolvida
e produzida pela Editora Moderna.

Editora Executiva: Marisa Martins Sanchez

Acompanham este livro:
- Caderno de criatividade
- Almanaque da família

1ª edição

MODERNA

© Editora Moderna, 2017

Elaboração de originais

Tatiana Corrêa Pimenta
Graduada em Comunicação Social com habilitação em Produção Editorial pela Universidade de São Paulo. Editora.

Fábio Paschoal
Graduado em Ciências Biológicas pela Universidade de São Paulo e técnico em Turismo pelo Senac. Foi guia de ecoturismo na Amazônia e no Pantanal e orientador de estudos nos Ensinos Fundamental e Médio.

Cristiane Maia Pimentel
Bacharel e licenciada em Letras pela Universidade de São Paulo. Professora dos Ensinos Fundamental e Médio em escolas particulares e projetos vinculados ao Governo do Estado de São Paulo. Editora.

Coordenação editorial: Tatiana Corrêa Pimenta
Edição de texto: Tatiana Corrêa Pimenta, Maiara Henrique Moreira, Grazielle Veiga, Cristiane Maia Pimentel
Leitura crítica: Denise Maria Milan Tonello
Gerência de *design* e produção gráfica: Sandra Botelho de Carvalho Homma
Coordenação de produção: Everson de Paula
Suporte administrativo editorial: Maria de Lourdes Rodrigues (coord.)
Coordenação de *design* e projetos visuais: Marta Cerqueira Leite
Projeto gráfico e capa: Otávio dos Santos
  Bololofo (boneco de tecido, feito com base no desenho de Hadrien, de 5 anos): Graziella Poffo de Oliveira
  Foto do Bololofo: Paulo Manzi
  Fotos de fundo: Shutterstock (mesa e bloco que dá suporte à ilustração infantil); Junior Rozzo (canetinhas)
Coordenação de arte: Carolina de Oliveira, Patricia Costa
Edição de arte: Estúdio Anexo
Editoração eletrônica: Estúdio Anexo
Ilustrações: Cris Eich, Isabela Santos, Leninha, Simone Matias, Vanessa Prezoto
Ilustrações de vinhetas: Paulo Manzi
Coordenação de revisão: Elaine C. del Nero
Revisão: Ana Cortazzo, Dirce Y. Yamamoto
Coordenação de pesquisa iconográfica: Luciano Baneza Gabarron
Pesquisa iconográfica: Mariana Alencar, Carol Bock, Andrea Bolanho
Coordenação de *bureau*: Rubens M. Rodrigues
Tratamento de imagens: Denise Feitoza Maciel, Marina M. Buzzinaro, Luiz Carlos Costa, Joel Aparecido
Pré-impressão: Alexandre Petreca, Denise Feitoza Maciel, Everton L. de Oliveira, Marcio H. Kamoto, Vitória Sousa
Coordenação de produção industrial: Wendell Monteiro
Impressão e acabamento: HRosa Gráfica e Editora
Lote: 296090

Dados Internacionais de Catalogação na Publicação (CIP)
(Câmara Brasileira do Livro, SP, Brasil)

Buriti Mirim : maternal / organizadora Editora Moderna ; obra coletiva concebida, desenvolvida e produzida pela Editora. — 1. ed. — São Paulo : Moderna, 2017. — (Coleção Buriti Mirim)

Acompanham caderno de criatividade e almanaque da família.

1. Educação infantil I. Série.

17-02679   CDD-372.21

Índices para catálogo sistemático:
1. Maternal : Educação infantil 372.21

ISBN 978-85-16-10381-1 (LA)
ISBN 978-85-16-10382-8 (GR)

Reprodução proibida. Art. 184 do Código Penal e Lei 9.610 de 19 de fevereiro de 1998.
Todos os direitos reservados
EDITORA MODERNA LTDA.
Rua Padre Adelino, 758 – Belenzinho
São Paulo – SP – Brasil – CEP 03303-904
Vendas e Atendimento: Tel. (0_ _11) 2602-5510
Fax (0_ _11) 2790-1501
www.moderna.com.br
2021
Impresso no Brasil

1 3 5 7 9 10 8 6 4 2

Crédito de fotos

(da esquerda para a direita, de cima para baixo)

- **p. 06** XLabrador/Istock Photo/Getty Images; Vaclav Volrab/Shutterstock; Fabio Colombini
- **p. 09** Ian 2010/Shutterstock; Exopixel/Shutterstock; Rose Carson/Shutterstock; Robert Red2000/Shutterstock
- **p. 12** Maks Narodenko/Shutterstock; Kaan Ates/Istock Photo/Getty Images; Harmpeti/Istock Photo/Getty Images; Kovalchuk Oleksandr/Shutterstock; Coloa Studio/Shutterstock; Viktar Malyshchyts/Shutterstock
- **p. 16** Picsbyst/Shutterstock; Lee Morris/Shutterstock
- **p. 18** Mark Payne-Gill/AFP
- **p. 21** Istock Photo/Getty Images (baldes laranja e verde); Photka/Shutterstock (balde azul)
- **p. 24** © The Pollock-Krasner Foundation/AUTVIS, Brasil, 2017
- **p. 30** Anna Kucherova/Istock Photo/Getty Images; Lepas/Shutterstock; Alphacell/Istock Photo/Getty Images; In-future/Istock Photo/Getty Images
- **p. 31** Fernanda Oliveira; MidoSemsem/Shutterstock; Fabio Colombini; Luiz Cláudio Marigo/Opção Brasil Imagens
- **p. 32** Esemelwe/Istock Photo/Getty Images (toalha de mesa); Trindade51s/Istock Photo/Getty Images (prato de comida)
- **p. 33** Adventtr/Istock Photo/Getty Images; Ppart/Istock Photo/Getty Images; Supermimicry/Istock Photo/Getty Images
- **p. 34** Bridgeman Images/Keystone Brasil - Musée d'Orsay, Paris, França
- **p. 36** Luiz Claudio Marigo/NaturePL/Isuzu Imagens
- **p. 39** Goldfinch4ever/Istock Photo/Getty Images; Baibaz/Shutterstock; Subjug/Istock Photo/Getty Images; Mr. Nakorn/Shutterstock
- **p. 40** Pete Oxford/Minden Pictures/Latinstock; Konrad Wothe/Minden Pictures/Latinstock; Franzfoto.com/Alamy/Latinstock
- **p. 44** Andre Dib
- **p. 45** Bergamont/Shutterstock; Chatcharin Sombutpinyo/Shutterstock; Chuyuss/Shutterstock; Solaris_design/Shutterstock; Jegesvarga/Istock Photo/Getty Images; Pastetus/Istock Photo/Getty Images
- **p. 49** Loops7/Istock Photo/Getty Images; Anastasiia Skorobogatova/Shutterstock; Ergonomal/Shutterstock; Raphael chay/Istock Photo/Getty Images; Nafterphoto/Shutterstock; Anna Sedneva/Shutterstock
- **p. 51** S-F/Shutterstock; Topseller/Shutterstock; De2marco/Shutterstock; Anteromite/Shutterstock; Nafterphoto/Shutterstock; Patinya Sreesamran/Shutterstock

Crédito de fotos do Caderno de criatividade

Mão	Melking/Istock Photo/Getty Images
Pé	Junior Rozzo
Tinta guache	Popovaphoto/Istock Photo/Getty Images
Rolinho	Dragan Nikolic/Alamy/Glow Images
Esponja	TrotzOlga/Shutterstock
Areia	PK.Phuket studio/Shutterstock
Algodão	Komkrit Preechachanwate/Shutterstock
Plástico bolha	Michael Kraus/Shutterstock
Giz de lousa	Vav63/Istock Photo/Getty Images
Lixa e giz de lousa	Jiang Zhongyan/Shutterstock (lixa); Olga Kovalenko/Shutterstock (giz de lousa)
Aquarela	Rafa Irusta/Shutterstock
Areia colorida	Yuriy Seleznev/Shutterstock
Galhos	Grlntan/Shutterstock
Folhas secas	Lizard/Shutterstock
Gelo colorido	Leigh Prather/Shutterstock
Carvão	Wealthylady/Shutterstock
Barbante	Fernando Favoretto/Criar Imagem
Bolhas de sabão	Macrovector/Shutterstock
Cola colorida	Junior Rozzo
Papel colorido	Timquo/Shutterstock
Coroa	Fernando Favoretto
Bandeirinha	Fernando Favoretto
Tatu-bola	Fernando Favoretto

MEU LIVRO

MEU NOME É:

_____

O NOME DO MEU PROFESSOR É:

_____

SUMÁRIO

Histórias
Chapeuzinho Vermelho ... **5**; O leão e o ratinho ... **15**; Os três porquinhos ... **25**; Bolotinha, o tatu-bola ... **35**

Brincadeiras
Hora do banho ... **9**; A casinha da vovó ... **13**; Gato e ratinhos ... **17**; Tanque de areia ... **20**; Casinha ... **26**; Coelhinho, sai da toca! ... **29**; Esconde-esconde do tatu-canastra ... **36**; Trânsito ... **43**

Cantigas
Eu conheço um jacaré ... **6**; Um elefante ... **7**; Ciranda, cirandinha ... **19**; Tindolelê ... **22**; Fui morar numa casinha ... **27**; Coelhinho ... **30**; O sapo ... **37**; Peixe vivo ... **41**; Motorista ... **43**

Poemas e outros textos
Adivinha ... **7**; Legendas ... **8, 16, 39** e **42**; Parlendas ... **13, 17, 32** e **36**; Textos informativos ... **18** e **31**

Jogos
Memória da Chapeuzinho Vermelho ... **11**; Memória dos brinquedos ... **28**; Desafio das cartas ... **38**

Obras de arte
Jackson Pollock ... **24**; Vincent van Gogh ... **34**; Andre Dib ... **44**

Conheça o tatu-bola
Características ... 18
Alimentação ... 31
Ambiente ... 44

Observe estes ícones
Vamos contar uma história?  Hora de jogar!  Use o material de apoio.

Eixos de aprendizagem
- Linguagem e comunicação
- Desenvolvimento pessoal e social
- Exploração e conhecimento de mundo
- Relações matemáticas
- Expressão e apreciação artísticas
- Corpo e movimento

CHAPEUZINHO VERMELHO

O professor vai contar a história **Chapeuzinho Vermelho**.
- Observe a cena. Quais personagens você vê?
- De qual personagem da história você mais gostou? Por quê?

EU CONHEÇO UM JACARÉ

EU CONHEÇO UM JACARÉ
QUE GOSTA DE COMER...
ESCONDA SUAS ORELHAS,
SENÃO O JACARÉ
COME SUAS ORELHAS
E O DEDÃO DO PÉ!

Da tradição popular.

LOBO

ELEFANTE

JACARÉ

Brinque com seus colegas ao som da cantiga **Eu conheço um jacaré**.
- Observe as imagens. Você sabe que animais são esses?
- Qual desses bichos é o maior?

ADIVINHE SE PUDER!

O QUE É, O QUE É?
BICHO TÃO CURIOSO...
CAUSA ESPANTO EM TANTA GENTE.
POR TRÁS, TÃO FINO RABINHO,
E TROMBA TÃO GROSSA NA FRENTE!

Da tradição popular.

Ouça a adivinha que o professor vai ler. Você sabe de que bicho ela trata?
- Desenhe a resposta da adivinha.
- Brinque de imitar os movimentos do elefante ao som da cantiga **Um elefante**.

EU CUIDO DO MEU CORPO!

MARINA ADORA TOMAR BANHO. ELA JÁ SABE SE ENSABOAR.

GABRIEL SEMPRE LAVA AS MÃOS ANTES DE ALMOÇAR.

O que essas crianças estão fazendo? Como você sabe?

- Ouça os textos que o professor vai ler.
- O que mais as crianças podem fazer para cuidar do próprio corpo?

OBJETOS PARA TOMAR BANHO

SABONETE   TOUCA DE BANHO   XAMPU   SABONETE

Faça de conta que você está debaixo do chuveiro e brinque de se ensaboar!
- Que objetos aparecem nesta página? Todos eles são da mesma cor?
- Observe os objetos da página 45. Quais deles você usa para tomar banho?

MINHA FAMÍLIA É ASSIM...

Com quem você mora? O que você gosta de fazer com a sua família?
- Desenhe você e as pessoas de sua família.
- Conte para seus colegas quem você desenhou.

MEMÓRIA DA CHAPEUZINHO VERMELHO

Jogue **Memória da Chapeuzinho Vermelho** com as cartas da página 47.
- Observe a cena. Quem é a avó da Chapeuzinho? O que ela está fazendo?
- Quantos capuzes a Chapeuzinho Vermelho tem?

A GELEIA DA VOVÓ

ABACAXI

MORANGO

LARANJA

AMORA

GOIABA

AMEIXA

O professor vai ler mais uma vez a história **Chapeuzinho Vermelho**.
- De que fruta era a geleia que Chapeuzinho Vermelho levou para a avó?
- Que frutas aparecem nesta página? Você já provou alguma delas?

A CASINHA DA VOVÓ

A CASINHA DA VOVÓ,
CERCADINHA DE CIPÓ.
O CAFÉ TÁ DEMORANDO,
COM CERTEZA NÃO TEM PÓ.
NO BRASIL VENTOU,
QUEM SE MEXEU SENTOU!

Da tradição popular.

Brinque de **A casinha da vovó** com seus colegas e tente ficar parado como estátua!
- Observe a cena. O que as pessoas estão fazendo?
- Em qual dessas árvores há mais frutas?

SALADA DE FRUTAS DA TURMA

Observe as fotografias da página 49. Quais delas mostram frutas?
- Traga de casa uma fruta de que você goste e faça uma salada de frutas com seus colegas.
- Desenhe as frutas que vocês usaram para fazer a salada de frutas.

O LEÃO E O RATINHO

O professor vai contar a história **O leão e o ratinho**.

- Observe a cena. O que você vê?
- Qual desses bichos está sentindo medo? Como você sabe?

ESTOU ME SENTINDO...

BIANCA FICA MUITO FELIZ QUANDO BRINCA COM O GATO DE SUA AVÓ.

MIGUEL ESTÁ TRISTE, POIS NÃO QUER IR EMBORA DO PARQUE.

Observe as fotografias. Como será que essas crianças estão se sentindo?
- Ouça as legendas que o professor vai ler e descubra.
- Como você está se sentindo agora? Quando você fica feliz? E triste?

CORRE, RATINHO!

CORRE, RATINHO,
QUE O GATO TEM FOME...
CORRE, RATINHO,
QUE O GATO TE COME!

Da tradição popular.

Brinque de **Gato e ratinhos** com seus colegas e divirta-se!
- Desenhe o bicho que você mais gostou de ser na brincadeira.
- Ouça a parlenda que o professor vai ler. Você consegue recitá-la?

O QUE ACONTECE QUANDO O TATU-BOLA SENTE MEDO?

Quando o tatu-bola vê uma raposa, ele sente medo e imediatamente se enrola dentro de sua carapaça, que é muito dura. E o tatu-bola pode ficar bastante tempo assim, todo enrolado e parado, até que a raposa desista de comê-lo e vá embora. O tatu-bola não sabe cavar buracos na terra para se esconder. Por isso, virar uma bola é a única coisa que ele pode fazer para se proteger dos bichos que querem caçá-lo. Como existem poucos tatus-bola na natureza, precisamos protegê-los.

CIRANDA, CIRANDINHA

CIRANDA, CIRANDINHA,
VAMOS TODOS CIRANDAR.
VAMOS DAR A MEIA-VOLTA,
VOLTA E MEIA VAMOS DAR!

Da tradição popular.

Brinque de roda com seus colegas ao som da cantiga **Ciranda, cirandinha**!

- Registre a brincadeira no espaço em branco.
- Qual é o nome dos colegas com quem você brincou?

BRINCADEIRAS NO TANQUE DE AREIA

Observe a cena. Do que as crianças estão brincando?

- Escolha uma dessas brincadeiras e brinque com seus colegas!
- Quais figuras da página 51 mostram brinquedos?

O QUE TEM NOS BALDINHOS?

Observe os baldinhos. Eles são iguais ou diferentes?
- Qual dos baldinhos está cheio de areia?
- Em qual dos outros baldinhos há mais brinquedos?

TINDOLELÊ

ABRE A RODA, TINDOLELÊ.
ABRE A RODA, TINDOLALÁ.
ABRE A RODA, TINDOLELÊ,
TINDOLELÊ, TINDOLALÁ!

Da tradição popular.

Brinque de roda com seus colegas ao som da cantiga **Tindolelê**!
- Observe a cena. Que criança está dentro da roda?
- Quem é o aniversariante? Quantos anos ele está fazendo?

CUIDANDO DOS PRESENTES

Observe as cenas e descubra o que cada criança ganhou de presente.
- De qual desses presentes você mais gostou? Por quê?
- Que cuidados as crianças devem ter com massinhas e canetinhas?

TINTAS QUE FAZEM ARTE!

Number 17 [Número 17], 1949, de Jackson Pollock. Esmalte e tinta metálica sobre papel.

Observe a imagem e converse com seus colegas.
- Você gostou dessa obra de arte? Por quê?
- Que material você acha que o artista usou para fazer essa pintura?

OS TRÊS PORQUINHOS

O professor vai contar a história **Os três porquinhos**. Você já ouviu essa história?

- Observe a cena. O que você vê?
- Qual dos três porquinhos é o porquinho mais velho? Como você sabe?

25

MINHA CASA É ASSIM...

Brinque de **Casinha** com seus colegas e divirta-se!
- Faça um desenho da casa onde você mora ou cole uma fotografia dela.
- Mostre a casa onde você mora para seus colegas e veja a deles.

FUI MORAR NUMA CASINHA

FUI MORAR NUMA CASINHA, NHA
INFESTADA, DA
DE CUPIM, PIM, PIM
SAIU DE LÁ, LÁ, LÁ
UMA LAGARTIXA, XA
OLHOU PRA MIM,
OLHOU PRA MIM
E FEZ ASSIM...

Da tradição popular.

Cante e dance com seus colegas ao som da cantiga **Fui morar numa casinha**.
- Observe a cena. Em qual das casas há uma lagartixa?
- De qual dessas casas você mais gostou? Por quê?

MEMÓRIA DOS BRINQUEDOS

Traga algum brinquedo de sua casa e brinque com seus colegas!

- Registre o brinquedo com o qual você mais gostou de brincar.
- Jogue **Memória dos brinquedos** com as cartas da página 53.

COELHINHO, SAI DA TOCA!

Reúna-se com seus colegas e brinque de **Coelhinho, sai da toca!**
- Observe a cena. O que as crianças estão fazendo?
- Quantos coelhinhos estão no gramado? Eles são da mesma cor?

COELHINHO

EU PULO PRA FRENTE,
EU PULO PRA TRÁS.
DOU MIL CAMBALHOTAS,
SOU FORTE DEMAIS.

COMI UMA CENOURA
COM CASCA E TUDO.
TÃO GRANDE ELA ERA...
FIQUEI BARRIGUDO!

Da tradição popular.

CENOURA

BETERRABA

BRÓCOLIS

TOMATE

Ouça os versos que o professor vai ler. De que bicho eles tratam?
- Cante e pule com seus colegas ao som da cantiga **Coelhinho**.
- Observe os alimentos que aparecem nesta página. Qual deles o coelhinho comeu?

O QUE O TATU-BOLA COME?

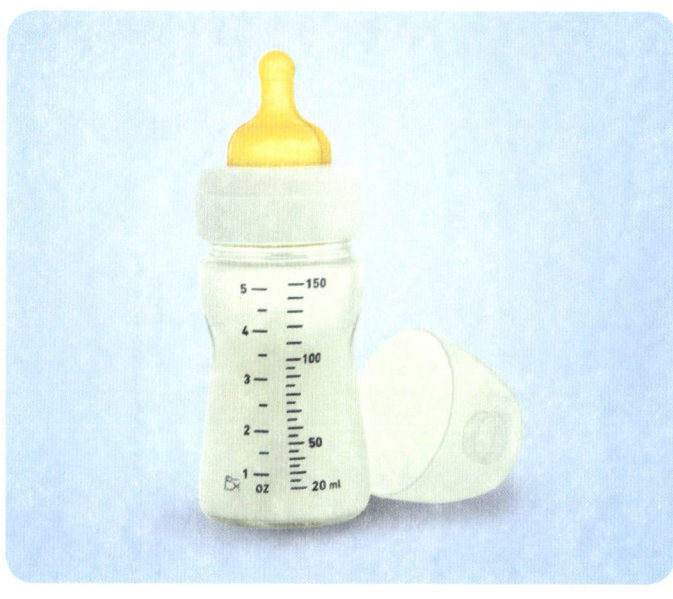

FORMIGA

LEITE

CUPINS

O tatu-bola é o menor de todos os tatus que vivem no Brasil. Geralmente, a mamãe tatu-bola tem apenas um filhote por vez. O tatu-bola, assim como as crianças, se alimenta do leite materno quando nasce. É isso mesmo: o tatu-bola também mama! Depois, ele começa a comer cupins e formigas. Areia, cascas e raízes de plantas acabam sendo ingeridas pelo tatu-bola enquanto ele se alimenta desses bichos.

UM, DOIS, FEIJÃO COM ARROZ

1, 2, FEIJÃO COM ARROZ.
3, 4, FEIJÃO NO PRATO.
5, 6, FEIJÃO INGLÊS.
7, 8, COMER BISCOITO.
9,10, COMER PASTÉIS!

Da tradição popular.

O professor vai recitar uma parlenda enquanto você brinca de marchar!

- Você também conseguiu recitar a parlenda?
- Que alimentos aparecem nesta página? Você come esses alimentos?

CUIDADOS NA COZINHA

LIQUIDIFICADOR   FOGÃO   BATEDEIRA

Que aparelhos aparecem nesta página? Você sabe para que eles servem?

- As crianças podem mexer nesses aparelhos?
- Que cuidados as crianças devem ter na cozinha?

QUARTO DE ARTISTA

Bedroom at Arles [Quarto em Arles], 1889, de Vincent van Gogh. Óleo sobre tela.

Observe a imagem e converse com seus colegas.

- O que você vê nessa pintura? Você gostou dela?
- Será que esse quarto é de um adulto ou de uma criança? Por quê?

BOLOTINHA, O TATU-BOLA

O professor vai contar uma história chamada **Bolotinha, o tatu-bola**.

- Você gostou dessa história? Por quê?
- Que bichos aparecem nesta página? Qual deles é o Bolotinha?

35

ESCONDE-ESCONDE DO TATU-CANASTRA

VIVA EU, VIVA TU,
VIVA O RABO DO TATU!

Da tradição popular.

TATU-CANASTRA

TATU-BOLA

Observe as fotografias desta página. Elas mostram bichos iguais ou diferentes?
- Ouça os versos que o professor vai ler. Você consegue recitá-los?
- Brinque de **Esconde-esconde do tatu-canastra** com seus colegas e divirta-se!

O SAPO

O SAPO, O SAPO,
NA BEIRA DA LAGOA,
NÃO TEM, NÃO TEM,
RABINHO NEM ORELHA!

Da tradição popular.

Que bicho você vê nesta página? Será que ele tem rabinho?
- Cante e dance com seus colegas ao som da cantiga **O sapo**.
- Registre esse momento no espaço em branco.

DESAFIO DAS CARTAS

Brinque de **Desafio das cartas** com as imagens da página 55.

- Observe a cena. O que as crianças estão fazendo?
- Há mais crianças pulando ou rolando?

ALGUÉM ESTÁ COM SEDE?

ÁGUA

SUCO DE LARANJA

PICOLÉ DE ABACAXI

ÁGUA DE COCO

Observe as fotografias. Você sabe o que elas mostram?
- Ouça as legendas que o professor vai ler e descubra se você acertou as respostas.
- Quais desses alimentos você já tomou?

SONS DE BICHOS

ARARA

GRILO

LEÃO

O professor vai contar mais uma vez a história **Bolotinha, o tatu-bola**.

- Qual dos bichos desta página fez o barulho que assustou o Bolotinha?
- Ouça os sons que esses bichos fazem e brinque de imitá-los!

PEIXE VIVO

COMO PODE UM PEIXE VIVO
VIVER FORA DA ÁGUA FRIA?
COMO PODE UM PEIXE VIVO
VIVER FORA DA ÁGUA FRIA?

COMO PODEREI VIVER?
COMO PODEREI VIVER?
SEM A TUA,
SEM A TUA,
SEM A TUA COMPANHIA?

Da tradição popular.

Cante e dance com seus colegas ao som da cantiga **Peixe vivo**.
- Observe a cena. Quantos peixes estão no fundo do mar?
- Desenhe mais peixes para fazer companhia a ele.

GOSTO MUITO DE VOCÊ!

MILENA ADORA SEU AVÔ. TODOS OS DIAS, O AVÔ DE MILENA VAI BUSCÁ-LA NA ESCOLA.

Observe a ilustração e ouça o texto que o professor vai ler.
- Desenhe alguém de quem você gosta muito!
- Quem você desenhou? Conte para seus colegas.

MOTORISTA

MOTORISTA, MOTORISTA,
OLHA A PISTA,
OLHA A PISTA.
NÃO É DE SALSICHA,
NÃO É DE SALSICHA.
NÃO É NÃO,
NÃO É NÃO!

Da tradição popular.

Brinque de **Trânsito** com seus colegas e divirta-se!
- Observe a cena. As pessoas estão atravessando a rua em segurança?
- Cante e dance com seus colegas ao som da cantiga **Motorista**.

BELEZAS DA CAATINGA

Mandacaru em longa exposição. Fotografia de Andre Dib, em Vila de Igatu, Bahia, em 2014.

Observe a fotografia. O que você vê?
- Você gostou dessa imagem? Por quê?
- Que bichos você acha que vivem nesse lugar?

MATERIAL DE APOIO

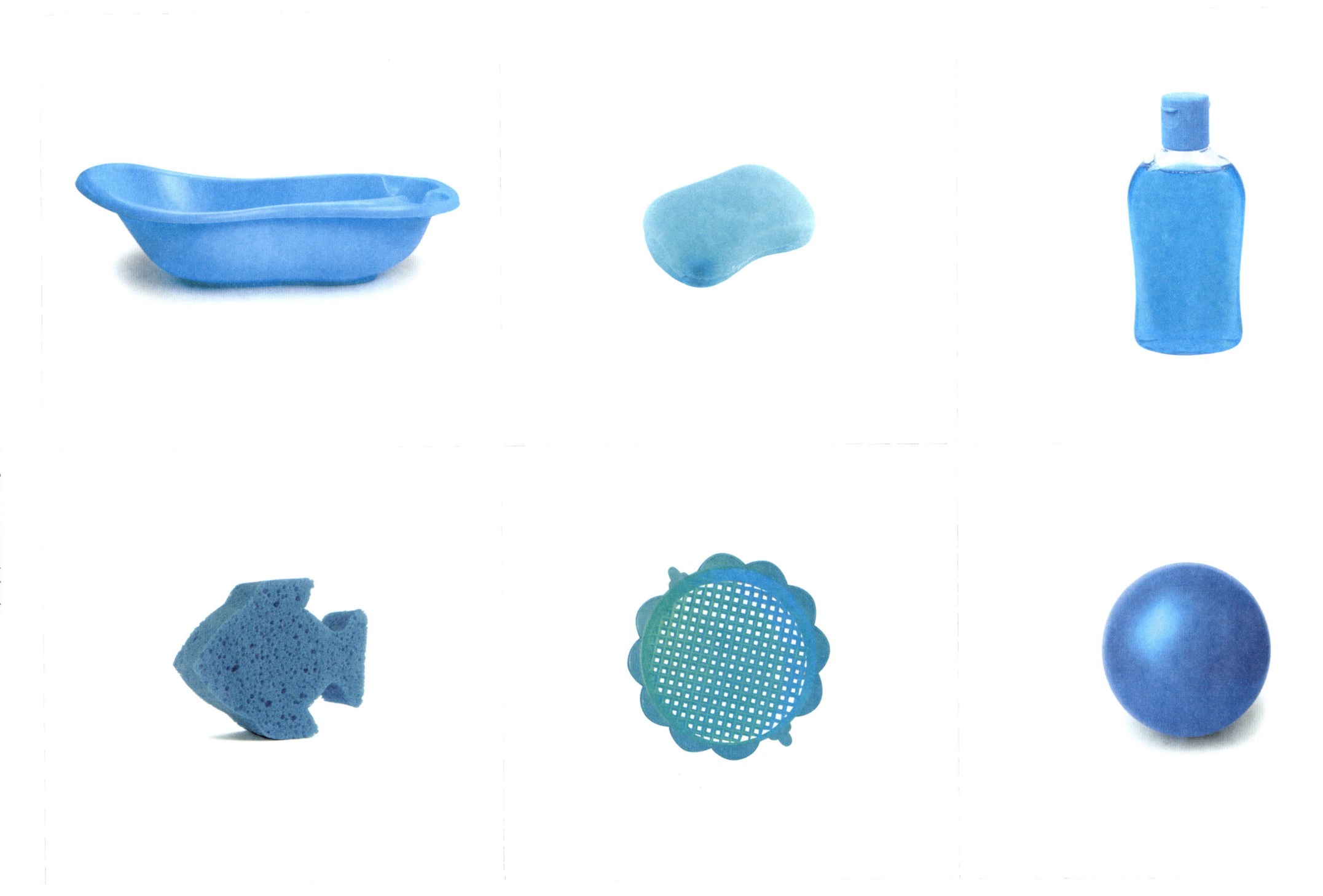

OBJETOS PARA TOMAR BANHO

PÁGINA 9

45

MEMÓRIA DA CHAPEUZINHO VERMELHO

PÁGINA 11

COMO JOGAR COM A CRIANÇA

Selecione duas cartas iguais e quatro cartas diferentes. Mantenha consigo uma das cartas iguais e disponha todas as outras sobre uma mesa (ou outra superfície lisa) com as figuras voltadas para baixo. Mostre a carta que não foi disposta na mesa à criança e desafie-a a encontrar a outra carta igual, desvirando as demais cartas até achá-la. À medida que a criança compreender o processo, deixe as cartas com as figuras voltadas para baixo sempre que ela não encontrar o que procura. Quando o jogo se tornar fácil para a criança, proponha a ela a regra tradicional, aumentando a quantidade de pares aos poucos. Para isso, embaralhe todas as cartas e coloque-as sobre a mesa com as figuras voltadas para baixo. O primeiro jogador vira duas cartas, uma de cada vez. Se as figuras forem iguais, ele ganha o par de cartas e joga mais uma vez. Se forem diferentes, ele desvira as cartas e passa a vez. O segundo jogador repete o mesmo procedimento, e assim por diante, até que todos os pares sejam formados. Ganha quem juntar mais pares de cartas.

47

SALADA DE FRUTAS DA TURMA

PÁGINA 14

BRINCADEIRAS NO TANQUE DE AREIA

PÁGINA 20

MEMÓRIA DOS BRINQUEDOS

PÁGINA 28

COMO JOGAR COM A CRIANÇA

Selecione duas cartas iguais e quatro cartas diferentes. Mantenha consigo uma das cartas iguais e disponha todas as outras sobre uma mesa (ou outra superfície lisa) com as figuras voltadas para baixo. Mostre a carta que não foi disposta na mesa à criança e desafie-a a encontrar a outra carta igual, desvirando as demais cartas até achá-la. À medida que a criança compreender o processo, deixe as cartas com as figuras voltadas para baixo sempre que ela não encontrar o que procura. Quando o jogo se tornar fácil para a criança, proponha a ela a regra tradicional, aumentando a quantidade de pares aos poucos. Para isso, embaralhe todas as cartas e coloque-as sobre a mesa com as figuras voltadas para baixo. O primeiro jogador vira duas cartas, uma de cada vez. Se as figuras forem iguais, ele ganha o par de cartas e joga mais uma vez. Se forem diferentes, ele desvira as cartas e passa a vez. O segundo jogador repete o mesmo procedimento, e assim por diante, até que todos os pares sejam formados. Ganha quem juntar mais pares de cartas.

DESAFIO DAS CARTAS

PÁGINA 38

VAMOS PULAR!

VAMOS MARCHAR!

VAMOS DANÇAR!

VAMOS CHUTAR!

VAMOS CORRER!

VAMOS SALTAR!

COMO JOGAR COM A CRIANÇA

Separe uma bola macia e uma corda ou graveto e leve a criança para um espaço amplo, como quintal ou pátio. Embaralhe todas as cartas e disponha-as no chão com a face ilustrada voltada para baixo. Convide a criança a desvirar uma das cartas e a praticar o desafio proposto, como dançar, pular, correr, entre outros. Estabeleça um tempo para cada desafio, como o de recitar uma parlenda, cantar uma música ou contar os números de 1 a 10. O jogo pode ser realizado com um grupo de crianças e termina quando todas as cartas tiverem sido desviradas.